प्रवाहमय जीवन के 10 नियम

ज्योति पांडे

ISBN
Paperback 979-8-89632-790-5
Hardcase 979-8-89724-758-5

अनुक्रमणिका

प्रवाहमय जीवन के 10 नियम 5

प्रस्तावना -.. 7

1. अच्छी आदतों का पालन करें। एक व्यवस्थित दिनचर्या का पालन करें 9

2. अपने लिये लक्ष्य निर्धारित करें। 15

3. लक्ष्य प्राप्ति के लिये प्रयास करें :-................................. 18

4. कहीं भी ठिठककर, अटककर मत रह जायें, आगे बढ़ते रहें। हमेशा वर्तमान में जिये, चिंतामुक्त जियें :-....... 23

5. जो भी कमायें उसका दस प्रतिशत अपने लिये जरूर बचायें :- 30

6. सचेतन रूप से अपने जीवन से टॉक्सिक लोगों को बाहर कर दें :- . 36

7. खुद के लिये कोई सीमायें लागू न करें................................ 44

8. हमेशा सकारात्मक रहें, सकारात्मक रवैया रखें.................... 51

9. हमेशा सीखते रहें :- 56

10. अपनें समय को लेकर स्वार्थी बने..................................... 64

टाईम मैनेजमेंट 67

चलते-चलते अपने जीवन में कृतज्ञता का अभ्यास करें............ 71

कृतज्ञता - 74

आभार.. 77

प्रवाहमय जीवन के 10 नियम

1. अच्छी आदतों का पालन करें। एक व्यवस्थित दिनचर्या का पालन करें।

2. अपने लिये लक्ष्य निर्धारित करें।

3. लक्ष्य प्राप्ति के लिये प्रयास करें।

4. कहीं भी ठिठककर, अटककर मत रह जायें, आगे बढ़ते रहें। हमेशा वर्तमान में जिये, चिंतामुक्त जियें।

5. जो भी कमायें, उसका दस प्रतिशत अपने लिये जरूर बचायें ।

6. सचेतन रूप से अपने जीवन से Toxic लोगों को बाहर कर दें। बिल्कुल बाहर कर दें। अपने निकट संबंधों का ध्यान रखें। उन्हे मजबूत करें।

7. खुद के लिये कोई सीमायें लागू न करें। स्वयं के विकास पर केन्द्रित रहें।

8. हमेशा सकारात्मक रहें। सकारात्मक रवैया रखें। ईर्ष्या व नकारात्मकता से दूर रहें।

9. हमेशा सीखते रहें। अपना काम पूरे मनोयोग से करें।

10. अपने समय को लेकर स्वार्थी बनें। अपने जीवन में "कृतज्ञता" का अभ्यास करें।

प्रस्तावना -

प्रस्तुत पुस्तक सभी वर्ग के लोगों के लिये है। खासकर वे लोग जो जीवन में ठहराव या कहीं पर रूके हुये महसूस कर रहें हैं। कुछ परिवर्तन या मूमेंट्स या प्रवाह चाह रहे हैं जीवन में। जो जीवन में ज्यादा उत्साह और कर्मोन्मुखता की प्रेरणा की तलाश में हैं, हम सब धरती पर कुछ समय के लिये हैं, बस यही हमारा जीवन है, जो बहुत जटिल ताने-बाने से बंधा है। पर क्या कारण है उसी समय में कुछ लोग ऐसा कुछ कर जाते हैं कि इतिहास में अमर हो जाते हैं, जबकि कुछ लोग जो अमर भी नहीं है पर जिनकी पारिवारिक विरासत अति समृद्धशाली है जो पीढ़ी दर पीढ़ी संचरित हो रही है। वही कुछ लोग शोक व पश्चाताप के साथ जीवन के अंतिम क्षणों में लाचार और दु:खी, असफल महसूस करते हैं। तो अच्छे जीवनयापन के कुछ तरीके तो हैं जिसको अपनाकर दिन प्रतिदिन के जीवन में बड़े परिवर्तनकारी लाभ प्राप्त किये जा सकते हैं। इस पुस्तक में बस उन्हीं बिन्दुओं पर चर्चा है जो हमे हमारे समय के, हमारे जीवन के बेहतर उपयोग के तरीकों को उजागर करते हैं। कहते हैं जिन्दगी अगर हमें 'नीबू' थमाये तो यह हमारे

उपर है कि उसके खट्टेपन से जीवन को भर लें या उसकी सिकंजी बना लें। नीबू से सिकंजी बनाना हर बार इतना आसान नहीं होता है पर प्रयास की, सुधार की गुंजाइश सदैव रहती है।

1

अच्छी आदतों का पालन करें। एक व्यवस्थित दिनचर्या का पालन करें

जिन्दगी को भरपूर जीने के लिये, अच्छी आदतों का विशेष महत्व है। अच्छी आदतें, अच्छे जीवन का आधार बनती है, 20 से 21 दिन यदि आप कोई काम रोज करते हैं, तो वो आपकी आदत बन जाती है और 90 दिन तक यदि कोई आदत दोहराई जाती है, तो वो आपकी जीवनशैली बन जाती है। अच्छी जीवनशैली से आपका अच्छा भविष्य निर्मित किया जा सकता है। आईये देखते है कुछ बेहतर आदतें क्या होती हैं :-

1. सुबह जल्दी जागना : - सुबह जल्दी जागना एक ऐसी आदत है जो अकेले आपके जीवन में क्रांतिकारी बदलाव ला सकती हैं। सुबह जल्दी जागने से आपके पास अतिरिक्त समय होता है, जो आप अपने दिन को बेहतर बनाने के लिये, प्लानिंग के लिये उपयोग कर सकते है। सुबह जल्दी जागकर आप खुदसे जुड़ाव महसूस करते हैं, अपनी ऊर्जा के उच्च स्तर को प्राप्त कर सकते हैं ।

2. सुबह के कुछ कामों को अपनी दिनचर्या में शामिल करना :- न केवल सुबह जल्दी जागना जरूरी है वरन जल्दी जागकर कुछ काम नियमित करें। जागते ही अपने लक्ष्य का ध्यान करें, कुछ अच्छी किताबें पढें, कुछ लिखें, व्यायाम करें। 20 मिनिट इन सबके लिये दें।

   20 मिनिट प्रार्थना

   20 मिनिट पढना

   20 मिनिट लिखना

   20 मिनिट व्यायाम, योग या कुछ भी शारिरिक गतिविधि बस इतने से ही आपके दिन की एक बेहतरीन शुरूआत हो चुकी है, ये मानकर चलें। दुनिया के लगभग सभी कामयाब लोग सुबह के लिये कुछ आदतों का पालन करते हैं, जिसमें उपरोक्त आदते भी शामिल हैं।

3. अच्छे से ड्रेसअप होना :- खुद को महत्वपूर्ण मानें, अच्छे से कपडे पहनें, खुद को सुगंधित रखें इत्र इत्यादि का इस्तेमाल करें, खुद के लिये। खुद को अपने सर्वश्रेष्ठ स्वरूप में रखने का प्रयास करें।

4. व्यायाम जरूर करें :- दिन के 24 घण्टों मे से आधा से एक घण्टा कुछ भी शारिरिक व्यायाम के लिये अवश्य निकालें, चाहे तो कोई खेल खेला जा सकता

है, या पैदल चल सकते है या साईकिल चलाना, तैराकी, जिम, योग आदि कुछ भी शारिरिक व्यायाम स्वस्थ शरीर के लिये अति आवश्यक है। स्वस्थ शरीर अच्छा जीवन जीने के लिये अत्यंत आवश्यक माध्यम है, आज कल स्वास्थ्य संबंधी समस्यायें लगातार बढ़ती जा रही हैं, उसके पीछे बड़ा कारण शारिरिक व्यायाम न करना है। तन और मन दोनों के लिये व्यायाम उपयोगी होता है।

5. अच्छा स्वास्थ्य प्रद भोजन करें :- शरीर को अच्छा भोजन, पौष्टिक एवं संतुलित आहार दें। अच्छे स्वास्थ्यप्रद भोजन की आदत बना लें। प्रयास करें घर का बना भोजन करें। दिन की शुरूआत फल खाने से करें, कोई भी मौसमी फल खा सकते हैं। बेहतर नाश्ता करें, फिर दिन का भोजन करें। भोजन में फाईबर बहुतायत में शामिल करें।

6. भरपूर पानी पियें :- शरीर को सदैव पर्याप्त पानी दें, पानी की कमी से भी बहुत से रोग होते हैं। अत: दिन भर में 2 से 3 लीटर पानी अवश्य पियें।

7. अपना काम मन लगाकर करें :- अपने दिन के सबसे कठिन काम को सबसे पहले निपटा लें। आपकी उत्पादकता जब सर्वाधिक हो तब कठिन काम को पूरे एकाग्र होकर करने का प्रयास करें। काम करने से कभी जी न चुराये। या अपने कार्यस्थल पर समय बर्वाद न

करें। खाली समय में कुछ पढ़े, जो आपके कार्यक्षेत्र से संबंधित आपकी जानकारी को बढ़ायें। आज के काम को कभी कल पर मत टालें। आपके पास चाहे जो भी काम हो उसे मन लगाकर करें।

8. अपने परिवार को पर्याप्त गुणवत्तापूर्ण समय दें:- बच्चों के साथ अच्छा समय बितायें, उनके साथ खेलें, खूब बातें करें, उनके लक्ष्यों को जानें, उस पर उन्हें दिशा दें। अपने बाकी करीबियों के साथ भी अपना कुछ समय दें।

9. अपने शौक को समय दें :- अपने शौक को जरूर समय देना चाहिये ताकि ताजगी व जीवंतता बनी रहे।

10. न बोलना सीखे और अपने समय को ट्रैक करें :- अपने समय को बिल्कुल भी बर्वाद न करें । समय ही जीवन है। फालतू कामों में अपना समय जाया न करें। अपनी प्राथमिकता के अनुसार पहले से निर्धारित कार्य को करें, इस दौरान यदि किसी दूसरे काम के लिये मना करना पड़े, तो कतई पीछे न हटें। विनम्रतापूर्वक मना कर दें।

11. आपके पास जो कुछ भी है उसके लिए धन्यवाद प्रेषित करें । ईश्वर को धन्यवाद दें, लोगों को धन्यवाद दें, अपने शरीर के प्रत्येक अंग को, प्रकृति को, अपने

सहयोगियों को, सबको धन्यवाद दें। धन्यवाद ज्ञापन दिन के अंत में जरूर करें।

12. पूरे दिन में कोई एक अच्छी बात, जो घटी हो, उसे याद करें उसके लिये धन्यवाद दें। कोई एक बात, व्यवहार, घटना जिसे आप दोबारा दोहराना नहीं चाहते वो लिखें। और अगले दिन के लिये अपना लक्ष्य जरूर लिखें। (One day one goal) एक दिन के लिये लक्ष्य निर्धारित करें उसे पूरा करें।

लक्ष्य बहुत छोटा या साधारण भी हो सकता है और बडा भी। इस प्रकार कोई एक अच्छी बात, एक खराब बात और दिन का एक लक्ष्य ये तीन बातें दिन के अंत में जरूर मनन करें।

इस प्रकार उपरोक्त आदतों का पालन करें। आदत का एक लूप छोटा है जिसमें पहले कोई प्रेरक या इच्छा आती है, फिर क्रिया, फिर परिणाम। अत: अच्छी आदतों के लिये आदतों को ट्रैक करें। प्रतिदिन ट्रेकिंग करें, स्कोर दें फिर फॉलो करें। आदतें 07 से 21 दिन में बनती है और 90 दिन में आपका स्वभाव बन जाती है। कोई भी क्रिया पुनरावृत्त रूप से तब तक करो जब तक वह स्वत: ही आपका स्वभाव न बन जाये। इस सिद्धांत के अनुसार आप अच्छी आदतें विकसित कर सकते हैं, साथ ही नयी आदतों के विकास के लिये उन्हे पहले से आपकी किसी

स्वाभाविक आदत से जोड़ दें । पहले प्रेरणा, फिर प्रचलित आदत के साथ नई अच्छी आदत।

उदाहरण के लिये सुबह उठकर जैसे - पानी पीना हमारी आदत है तो हम उसके साथ नई आदत जोड़ सकते है जैसे- पानी पीने के बाद ऑफिस के लिये ड्रेस निकाल दें जो आज पहननी है। इस प्रकार अच्छी आदतें अच्छे जीवन के लिये निर्णायक हो सकती है। इनके लिये जागरूक रहें, सतर्क होकर इन्हें विकसित करें, अपनायें और भरपूर जीवन जियें।

अपनी दिनचर्या में बहुत व्यापक फेरबदल करने की बजाय एकदम छोटे-छोटे काम शुरू करें। जैसे- व्यायाम, वैसे तो प्रत्येक व्यक्ति को सप्ताह में पांच दिन प्रतिदिन 40 मिनिट व्यायाम जरूर करना चाहिये। पर आप यदि निरंतर नहीं कर सकते तो कम से कम 100 कदम प्रतिदिन चलने का अभ्यास करें, पर रोज करें। यहां नियमित किया जाने वाला काम अत्यंत कारगार परिणाम दे सकता है। जैसे प्रतिदिन एक समय का भोजन अपने परिवार के साथ करना या सप्ताह में एक दिन अपने किसी प्रियजन से बात करना। छोटी-छोटी आदतें, छोटे-छोटे काम आपके जीवन में बड़े परिवर्तन का मार्ग खोल सकते हैं। प्रतिदिन पांच मिनिट की धूप सेकना या प्रतिदिन कम से कम पांच पेज कुछ न कुछ पढ़ना।

2

अपने लिये लक्ष्य निर्धारित करें।

प्रत्येक मनुष्य का जन्म किसी खास उद्देश्य के लिये होता है। उसके पास कुछ विशेषता अवश्य होती है। यदि हम ये जान लें कि हमारा जन्म किस उद्देश्य के लिये हुआ है तो जीवन बेहतर बन सकता है। इसके लिये हमे अपने जीवन में लक्ष्य निर्धारित करने चाहिए। ये लक्ष्य दीर्घकालीन एवं अल्पकालीन हो सकते है। हम लक्ष्य तय करें, फिर उनको प्राप्त करने के लिए योजना बनायें तथा उसका क्रियान्वयन करें। इससे जीवन को एक सही दिशा मिलती है, हम अपने समय का सही दिशा में अधिक से अधिक उत्पादक व सकारात्मक उपयोग कर सकते हैं।

जीवन में पांच क्षेत्र अत्यंत महत्वपूर्ण होते है । वो हैं:-

1. स्वास्थ्य
2. रिश्ते
3. पैसा/साधन
4. आध्यात्मिकता
5. आपका कैरियर/रोजगार

अत: हमे इन सभी पांचों क्षेत्रों से संबंधित लक्ष्य निर्धारित करने चाहिए। जैसे स्वास्थ्य के क्षेत्र में प्रतिदिन सुबह जल्दी उठने का लक्ष्य, प्रतिदिन व्यायाम करने, अच्छा आहार लेने का लक्ष्य निर्धारित कर सकते हैं। हमारे रिश्ते प्रगाढ़ रहें, इसके लिए प्रतिदिन एक घण्टा अपने बच्चों, अपने जीवनसाथी, माता-पिता या सगे संबंधी जो आपके बहुत करीब हैं उनके साथ समय बिताये। सप्ताह में एक दिन अपने रिश्तेदारों, दोस्तों से बात करें, अगले सप्ताह दूसरे अन्य रिश्तेदारों, दोस्तों जो लम्बे समय से आपसे नहीं मिले हैं उनसे बात करें। इस प्रकार आपके रिश्ते मजबूत होंगे।

रूपया, पैसा या साधन आपके जीवन में बहुत अहम होता है, अत: कितना पैसा आप कमाना चाहते हैं उसका स्पष्ट लक्ष्य निर्धारित करें। आप कब तक अपने कर्ज चुका देना

चाहते हैं ये भी स्पष्ट निर्धारित कर सकते है। साथ ही पैसे का प्रबंधन भी इसके अंतर्गत निर्धारित कर सकते है। जैसे - निवेश, बचत से संबंधित लक्ष्य।

आध्यात्मिकता सबके लिए अलग-अलग तरह की हो सकती है। जैसे पूजा-पाठ,ध्यान। परमसत्ता से जुडाव महसूस करना। साथ ही दूसरों को बदलने की कोशिश बंद करना, चीजों में खुशियां ढूंढना बंद कर देना, दूसरों से तुलना न करना, शिकायतें न करना, रिश्तों में ज्यादा

अपेक्षायें न पालना, जो जैसा है उसे वैसा स्वीकार करना ये भी आध्यात्मिकता का ही रूप है। साथ ही दूसरों की मदद करना, दान करना भी इसके अंतर्गत शामिल किया जा सकता है। तो सभी के जीवन के आध्यात्मिक लक्ष्य भी स्पष्ट तय किये जाने चाहिये। ये अत्यंत जरूरी है।

कैरियर या रोजगार संबंधी लक्ष्य में अपने काम से संबंधित, व्यापार से संबंधित लक्ष्य हो सकते है। लगातार ज्ञान प्राप्त करते रहना, नये कौशल सीखना,आय के अन्य साधन सृजित करना ये आपके कैरियर संबंधित लक्ष्य हो सकते हैं।

इस प्रकार सभी अपने जीवन में लक्ष्य तय करके, जीवन को दिशा प्रदान कर सकते हैं भरपूर जीवन जी सकते हैं।

3

लक्ष्य प्राप्ति के लिये प्रयास करें :-

लक्ष्य निर्धारित करना एक काम है, उनकी प्राप्ति के लिये प्रयास करना ज्यादा महत्वपूर्ण होता है। अधिकांश लोग लक्ष्य तो तय कर लेते हैं पर उन्हें प्राप्त नहीं कर पाते। इसके पीछे अनेक कारण हैं।

पहले तो अवास्तविक लक्ष्य तय कर लेना जैसे कि हम एकदम से वजन कम करना चाहते है या जल्दी से खूब प्रसिद्धि हासिल करना चाहते हैं। लक्ष्य सदैव वास्तविक होना चाहिए।

कई बार आपने जो भी लक्ष्य निर्धारित किया है आप उसे क्यों पाना चाहते हैं इसके संबंध में स्पष्टता का अभाव होता है। अत: स्पष्टता जरूरी है, आप कोई भी चीज क्यों ? पाना चाहते हैं ; आपका क्यों ? स्पष्ट होना चाहिए।

प्राथमिकता क्रम निर्धारित न करना भी लक्ष्य प्राप्त न होने के पीछे एक कारण है। गैर जरूरी कामों में समय एवं साधनों का अपव्यय करना।

कई बार मैं ये नहीं कर सकता या मुझे अंग्रेजी नहीं आती, मैं तो गांव से हूं, मेरे पास साधन नहीं, पैसे नहीं, मेरे पास समय नहीं, इस प्रकार के कई हमारे स्वयं के बनाये हुये विश्वास हैं जो हमें आगे बढ़ने से रोकते हैं। अत: अपने को सीमित करने की धारणायें भी जो हम स्वयं गढ़ लेते हैं हमें आगे बढ़ने से रोकती हैं।

ध्यान या फोकस का हट जाना भी लक्ष्य प्राप्ति में बाधक होता है।

सही समय का इंतजार करना, जैसे मेरे पास बहुत खाली समय होगा तब मैं घूमने जाउंगा। या कुछ भी करने के लिये सही समय का इंतजार करते रहना, ऐसा होगा तब मैं वैसा करूंगा। ऐ भी बड़ी बाधा है। आप जब तक शुरूआत नहीं करोगे, आप हासिल नहीं कर पाओगे।

आत्मअनुशासन का अभाव, निरंतरता का अभाव। जैसे हम सोचते हैं कि वजन कम करना है तो जिम जाना प्रारंभ कर दिया। अति उत्साह में हम कुछ दिन जाते है फिर जाना बंद कर देते हैं या फिर निरंतरता से नहीं जा पाते । तो निरंतरता के अभाव में भी लक्ष्य प्राप्त कर पाना कठिन होता है।

अब लक्ष्य प्राप्ति के उपाय क्या है? जिससे ये बाधायें दूर की जा सकें। सबसे पहले अपना **क्यों ?** निर्धारित करें। आखिर आप कोई लक्ष्य **क्यों** हांसिल करना चाहते हैं।

अपना **क्यों ?** ढूंढे। आप वास्तव में क्या चाहते हैं ये बिल्कुल स्पष्ट होना चाहिए। फिर आप ऐसा लक्ष्य निर्धारित करें जो आपको प्रेरित करता हो। आपको प्रेरणा देने के लिये, आपका लक्ष्य की पर्याप्त होना चाहिए। साथ ही लक्ष्य को प्राप्त करने की "तीव्र इच्छा" आपके अंदर होनी चाहिए।

आप क्या चाहते हैं उसकी शुरूआत किये बिना मंजिल तक नहीं पहुँचा जा सकता, इसलिए शुरूआत करना बहुत जरूरी है। साथ ही आपके पास एक निश्चित समयसीमा होनी चाहिए जिसमें आप अपना तय किया हुआ काम पूरा करना चाहते हैं। प्रतिदिन लक्ष्य की प्राप्ति हेतु लगातार प्रयास करने जरूरी हैं और प्रक्रिया का पालन किया जाना जरूरी है।

लक्ष्य प्राप्ति के लिये साधन, उसमें कौन आपकी मदद कर सकता है, आपका कोई समान लक्ष्य रखने वाला साझेदार भी हो सकता है जो आपको लगातार लक्ष्य प्राप्ति के लिए उकसाता रहे।

लक्ष्य प्राप्ति में आने वाली बाधाओं के कारण अपना लक्ष्य परिवर्तित नहीं करें। न ही रास्ता बदलें, नया रास्ता बनायें। अपनी लकीर खीचें। बार-बार लक्ष्य बदलने से आप कुछ खास हासिल नहीं कर पायेंगे। अत: बाधाओं को पार करते हुये, दृढ़ होकर आगे बढ़ते हुये अपना रास्ता खुद बनायें। अपने लक्ष्य को पा लें।

अपने लक्ष्य के विषय में कल्पना करना, सोचना, आपको लक्ष्य से भावनात्मक रूप से जुड़े रहने में सहायक होता है। अत: अपनी कल्पनाशक्ति का प्रयोग करते हुये लक्ष्य के प्राप्त हो जाने के संबंध में कल्पना करें।

साथ ही लक्ष्य प्राप्ति के क्रम में आपको समय-समय पर उनको ट्रेक भी करना होगा। ट्रेकिंग एक साल, तीन महीने में, एक महीने में या एक सप्ताह में प्रतिदिन और तुरंत की जानी चाहिए। और उस अनुरूप प्रक्रिया में जो भी परिवर्तन आवश्यक हैं उस अनुसार परिवर्तन भी करना चाहिए। अद्यतन करते हुये आगे बढ़ना चाहिए।

हमें प्रक्रिया पर, प्रगति पर ध्यान केन्द्रित करना होगा, अंतिम परिणाम पर नहीं। अंतिम परिणाम के बारे में हमें ज्यादा ध्यान न लगाते हुये, प्रक्रिया का आनंद लेना चाहिए। लक्ष्य प्राप्त करने के लिए मार्ग में जो सफर है उसका रस लेना चाहिए।

सबसे अंत में हम जब भी एक स्टेप आगे बढ़ें, खुद को पुरूस्कार दें। अपनी उपलब्धियों की खुशी मनायें, उनके लिए स्वयं को पुरूस्कार दें। इससे हम बार-बार सफल होने के लिए प्रोत्साहित होते हैं।

इस प्रकार लक्ष्य प्राप्ति के लिए पहले तो स्पष्ट लक्ष्य निर्धारित करें : फिर उन्हे आसान प्राप्ति योग्य चरणों में बांट लें। स्मार्ट

S - specific

M- Measurable

A - Attainable

R- Relevant

T- Time Based

होकर लक्ष्य प्राप्त करें। अत: लक्ष्य प्राप्ति की योजना बनायें, उसे छोटे-छोटे चरणों में बांट लें।लगातार प्रयास करें, समय-समय पर मूल्यांकन और अद्यतन करें। हर सफलता की खुशी मनायें, पुरूस्कार दें स्वयं को । इस प्रकार आप कठिन से कठिन लक्ष्य प्राप्त कर सकते हैं। लक्ष्य प्राप्ति की प्रक्रिया का आनंद लें । एक बात हमेशा याद रखें आप जिस किसी चीज को पूरी शिद्दत से पाना चाहते है, सारा ब्राम्हाण्ड आपकों उससे मिलाने में आपकी मदद करने को आतुर रहता है ।

4

कहीं भी ठिठककर, अटककर मत रह जायें, आगे बढ़ते रहें। हमेशा वर्तमान में जिये, चिंतामुक्त जियें :-

यह जीवन एक महत्वपूर्ण सबक है, हर किसी के जीवन में कुछ न कुछ अधूरी इच्छायें रहती हैं। कई बार मनचाहा रोजगार न मिल पाने, मनचाहा जीवनसाथी न मिल पाने, यदि विद्यार्थी हैं तो मनचाहा विद्यालय, विश्वविद्यालय न मिल पाने से व्यक्ति की इच्छायें अधूरी रह जाती हैं। पर कोई एक विशेष इच्छा जिसका आपके अंदर अत्यंत प्रभाव है, और वो अधूरी रह जाती है, तो आप जीवन के प्रवाह में आगे तो बढ़ते चले जाते हैं, पर वो काश ! आपके साथ ही चलता है ।

काश ये होता, वो होता । क्योकि आपने उसके लिये प्रयास भी किया था । यदि प्रयास नहीं किया तो एक बात है, पर प्रयास करने पर मनोनुकूल परिणाम न मिल पाने से व्यक्ति के अदंर एक हताशा स्थाई हो जाती है ।

हमे इस हताशा को जल्द से जल्द जागरूक होकर पहचान लेना और इससे बाहर निकलना है । ये बहुत जरूरी हो जाता है ।

कई बार व्यक्ति हफ्तों, महीनों, कई सालों तक अपने सपनों के खण्डहर से बाहर निकल ही नहीं पाता । उसका वास्तविक वर्तमान में मन ही नहीं लगता । ये एक ऐसी अवस्था है जिससे व्यक्ति जीवन काट रहा होता है, अर्थात वो ठिठक कर रह जाता है ।

इस अवस्था को यदि ये आपके साथ है तो जल्द ही पहचानें । और इससे बाहर निकलें । आपको अपने जीवन को अपने सर्वश्रेष्ठ अवतार में जीना है, अपना सर्वश्रेष्ठ प्रदर्शन करना है । क्योंकि आप धरती पर कुछ समय के लिये ही हैं, एक न एक दिन आप ये दुनिया छोड़कर जाने वाले हैं । अब यदि आपका जन्म किसी विशेष प्रयोजनार्थ हुआ है (जैसी आम धारणा है हर जीव किसी उद्देश्य के लिये धरती पर आया है।) तो फिर आपको जो जैसा है सबसे पहले स्वीकार करना चाहिये । स्वीकार्यता बहुत जरूरी है । इसके बाद वर्तमान में जिस भी परिस्थिति में आप हैं उसमें पूरा मन लगाकर अपना सर्वश्रेष्ठ प्रदर्शन करें । बस आपको जो काम, जो जिम्मेदारी मिली है : उसको पूरे मनोयोग से, जो आप हैं उस अनुरूप पूरा करें । निश्चित ही आपकी नियति आपके सामने प्रकट होगी,

इसमें समय लग सकता है पर धैर्य रखें । जिंदगी जिंदादिली से जीने के लिये है ।

आप हर दिन उत्साह से उठें, दिन की कार्य योजना बनायें और अपने काम को पूरे करने में जुट जायें । अधूरे, अनमने होकर समय को काटना जीते जी मरे के समान जीना है । अत: जिंदगी अमूल्य है आप कुछ भी देकर एक भी गुजरा हुआ पल वापस नहीं मांग सकते ।

कोई भी चीज, कोई भी पद व्यक्ति या कोई भी परिस्थिति जीवन से ज्यादा बड़ी नहीं है । महत्वपूर्ण है तो बस हर दिन, हर पल को भरपूर जीना, अपना सर्वश्रेष्ठ प्रदर्शन करते हुये अपने सर्वश्रेष्ठ अवतार में जीवन जियें । आप पायेंगे कोई भी हालात आप पर हावी नहीं हो सकते । आपको सकारात्मक होकर अपनी बेहतरी के लिये लगातार प्रयास करते रहना चाहिये ।

कही भी अटक कर, ठिठककर रह जाने से आप जिंदगी को, अपने समय को, बरबाद करते हैं पर आपके साथ आपके सगे संबंधी आपके आसपास के लोग भी आपकी इस मनोदशा के विपरीत परिणाम झेलते हैं, इससे नकारात्मक वातावरण निर्मित होता है जो अच्छे जीवन के लिये सर्वथा प्रतिकूल स्थिति है । अत: अटक कर, ठिठककर नहीं रहें अपने जीवन के सभी आयामों को भरपूर जियें, अपनी मन:स्थिति को किसी एक चीज पर ही केन्द्रित करके सीमित न करें । जीवन को पूर्णता में देखें

और सभी आयामों की जानकारी जुटायें, फिर से चीजों को नये सिरे से शुरू करें । नये दृष्टिकोण से चीजों को देखें।

आप जीवंत होकर भरपूर जिंदगी के सफर पर हैं कही भी ठहर जाने के लिये नहीं ।

जीवन की दो अवस्थायें होती है एक अंतराल की अवस्था, एक उपलब्धि की अवस्था। आप अंतराल या गेप में जी रहे हैं, या उपलब्धि या गेन में जी रहे हैं ? उसका मूल्यांकन आप स्वयं कर सकते हैं।

यदि आप हमेशा दोषारोपण कर रहे हैं, आप एक ही जगह ठहरे हैं आपने लम्बे समय तक कुछ भी नया नहीं सीखा है, आप अपनी उपलब्धियां केवल भौतिक चीजों से ही मापते हैं, आपने अपने आंतरिक विकास की दिशा में कोई कार्य नहीं किया है तो आप अंतराल की मानसिकता में जीवन जी रहे हैं जो आपकी उन्नति में बहुत बड़ी बाधा है।

अंतराल की मानसिकता आपको कहीं भी नहीं पहुचायेगी आप जहां के तहां रहेंगे और जीवन आपके सामने से निकलता जायेगा। चीजें जस की तस बनी रहेंगी आपको आत्मसंतोष नहीं हो सकता। इसलिये आपको स्वयं का मूल्यांकन करना चाहिये।

आप स्वयं कल से आज तक कहां पहुंचे ? आपने जब सफर शुरू किया था उसके बाद की छोटी-छोटी उपलब्धि

को याद करें। खुद को लगातार आगे बढ़ाते हुये संतुष्ट रहें। आज आप जहां है, उसकी पूरी जिम्मेदारी लेते हुये, आज अपनी नियामतों को गिनें उनके प्रति आभारी रहें, कृतज्ञ रहें। फिर रोज खुद को उत्तरोत्तर आगे बढ़ने के लिये, आज सुधार के लिये कार्य करें, प्रेरित करें। लगातार खुद को चुनौतियां दें अपनी क्षमताओं को, अपनी सीमाओं को लांघकर आगे बढ़ने के लिये प्रयोग करें।

संतुष्ट रहें और सतत प्रयास करें, आगे बढ़ने के लिये प्रयास करें। इसके लिये आप अपने जीवन के 20 प्रतिशत को पहले जानें, वह कार्य जो 20 प्रतिशत है, पर 80 प्रतिशत उपलब्धियां जिनसे आती हैं। शेष 80 प्रतिशत कार्य जो खास उन्नति में सहयोगी नहीं है उन्हे छोड़ते चलें, आगे बढ़ते चलें। स्वयं के भी कार्य लगातार अपनी टीम को सौंपते हुये अपना फोकस केवल अपने 20 प्रतिशत पर लगायें।

आप लगातार दस गुनी उन्नति को प्राप्त करेंगें। कोई काम "कैसे होगा ?" इसके बजाय "कौन करेगा ?" इस पर ध्यान केन्द्रित करें। अपने साथ अपने समान उत्साही लोगों की टीम बनायें, स्वयं अपनी क्षमताओं को लगातार बढ़ाते हुये, उन्हे भी उनकी योग्यता के अनुरूप काम सौंपते हुये निरंतर आगे बढ़ाने मे सहयोगी बने।

इस प्रकार लगातार उपलब्धि की मानसिकता में रहें, जो है उसके प्रति संतुष्ट रहें, आभारी रहें। इसके साथ लगातार आगे बढ़ते रहें।

प्रवाह के साथ जीना :-

हम जैसा हमेशा करते हैं, वैसा बनते है। (अरस्तु)

हममें से सभी ने कभी न कभी इस एकरूपता का अनुभव किया होगा। जब हम अपने कार्य के साथ एकरूप हो जाते हैं, जब हम अपना सबसे पंसदीदा काम करते हैं तो हमे अपनी इंद्रियों का और समय का कोई अनुभव नहीं होता है। कुछ लोग खाना बनाने लगते है और घण्टो बीत जाने के बाद भी उन्हें पता नहीं चलता।

किसी काम के साथ एकरूप हो जाना, उस काम को करते वक्त पूरा होश खोकर उसमे खो जाने की अवस्था को "प्रवाह" (फ्लो) कहा जाता है। प्रवाह का मतलब ऐसी अवस्था है जिसमें हम आनंदित, उत्साहित व सृजनशील जीवन जीते हैं और तनमन खोकर उस कार्य में जुट जाते हैं।

जब हम प्रवाह की अवस्था में जाते हैं तो हम उस कार्य में पूरी तरह से खो जाते हैं। उस समय हमारे मन में दूसरा कोई भी विचार नहीं होता है। लेकिन जब हम प्रवाह में नहीं होते हैं तो हम एक काम करते रहते हैं और हमारा मन दूसरे विचारों में खोया हुआ रहता है। अगर

कोई महत्वपूर्ण कार्य करते वक्त आपको ऐसा महसूस हो कि आपकी एकाग्रता सदा भंग हो रही है तो आगे दिये गये उपाय जरूर देखें, आपको प्रवाह में आने में मदद होगी।

प्रवाह लाने वाली सात अवस्थायें -

1. क्या करना है ? इसका पता होना आवश्यक है।
2. कैसे करना है ? यह पता होना चाहिये।
3. हम इस कार्य को कितने अच्छे तरीके से कर सकते है ? इसकी जानकारी होना।
4. कहां जाना है ? यह पता होना चाहिए (जब कार्य में दिशा महत्वपूर्ण होती है')
5. सामने कौन सी चुनौतियां है ? इसकी जानकारी होना।
6. कौन सी कुशलताओं की जरूरत है ? यह पता होना।
7. मन विचलित नहीं होना।

5

जो भी कमायें उसका दस प्रतिशत अपने लिये जरूर बचायें :-

प्रत्येक व्यक्ति के लिये जीवन में रूपये-पैसे साधन का बहुत महत्व होता है । व्यक्तिगत वित्तीय प्रबंधन सफल जीवन का एक महत्वपूर्ण आधार है। सभी लोग कुछ न कुछ आय सृजित जरूर करते हैं । पर वित्त एक ऐसा विषय है जिसकी सही समझ व्यक्ति को कहीं पर सिखाई नहीं जाती । अकसर लोग ज्यादा कमाते हैं फिर भी पैसों की कमी बनी रहती है, अत: बेहतर वित्तीय प्रबंधन बहुत जरूरी है ।

अनावश्यक दिखावे के लिये खर्च करना, सारा पैसा खर्च कर देना, गैर जरूरी कर्ज लेना, अपनी हैसियत से ज्यादा दिखने के लिये महंगी वस्तुयें, कपड़े, मोबाईल खरीदना या कर्ज लेकर छुट्‌टियां मनाना ये सब आजकल आम प्रचलन में है । भेड़चाल में कई लोग ऐसे ही जीवन जी रहे हैं। फिर व्यक्ति सोचता है उसे कहीं से ठेर सारा पैसा मिल जाये तो उसकी समस्या खत्म हो जाये। ऐसा

नहीं है, जीवन में रूपया-पैसा जो आप काम करते है, प्रयास करते है, दुनिया की बेतहरी में जो योगदान करते है, उसी के अनुपात में प्राप्त होता है । सर्वप्रथम तो अपना काम पूरे मनोयोग से करें । अपना सर्वश्रेष्ठ प्रदर्शन करते हुये जो भी आय प्राप्त हो उसे समझदारी से खर्च करें। अपने पैसे का सम्मान करें ।

जो भी कमायें उसका दस प्रतिशत अपने लिये अलग से बचायें और कुछ समय बीतने पर किसी विशेषज्ञ की सलाह पर निवेश करें। शून्य से शुरूआत करके बढ़ने की कुंजी यही है। बूंद-बूंद से घडा भरता है ये बात इसी प्रकार है, आपकी छोटी-छोटी बचत आपके लिये एक बड़ी पूंजी निर्मित कर सकती है। जिसे सही अवसर आने पर उपयोग करके आप अपनी तरक्की का रास्ता खोल सकते हैं। अतः इस सिद्धांत को अभी से अपनायें, जब तक आप अमल नहीं करेंगे तब तक ये सब जानकारी अनुपयोगी है। अतः तुरंत अमल करना शुरू करें।

भरपूर जीवन जीने की यही कुंजी है। अपनी आय का दस प्रतिशत बचायें चाहे आप जो भी कमाते हों उसका उपयोग आगे बढ़ने के लिये करें ।

व्यक्तिगत वित्तीय प्रबंधन के विषय में बहुत जानकारी उपलब्ध है, इस पर ठेरों उपयोगी पुस्तकें है । आप चाहे तो ज्ञान प्राप्ति के कई मार्ग हैं पर मैं इस समय सिर्फ इस एक बचत की आदत पर ध्यान केन्द्रित कर रहीं हूं ।

ये सिर्फ एक उपाय आपके जीवन की बेहतरी का रास्ता खोलने के लिये सुदृढ़ आधार के रूप में काम करेगा ।

10 प्रतिशत तो न्यूनतम है धीरे-धीरे आप अपनी बचत के स्तर को 15-20-40 प्रतिशत तक बढायें । नौकरी पेशा लोग अपने वेतन में बढ़ोत्तरी का हर बार जो भी बढ़ोत्तरी होती है उसका 50 प्रतिशत तो केवल और केवल बचत और निवेश के लिये उपयोग करें । कभी भी अपनी आय बढ़ने के साथ अपने खर्चे न बढ़ायें । कहते है अपनी आय का 50 प्रतिशत अपनी जरूरतों (Needs) पर 30 प्रतिशत (Wants) इच्छाओं पर खर्च करना चाहिये 20 प्रतिशत का हमेशा बचत और निवेश के लिये प्रयोग किया जाना चाहिये।

अपने लिये कम से कम 3 खाते जरूर खुलवाये । आपकी आय जिसमें आपकी सैलरी या अपनी इंकम आती है । दूसरा खाता आपको खर्चों के लिये जो प्रयुक्त होता है। जैसे ही आपकी सैलरी आती है आप तुरंत उसमें से जो पैसा खर्चा किया जाना है उसमें हस्तांतरित करें ।

तीसरा खाता आपका शुद्ध बचत खाता होना चाहिये । ये एक तरह से आपकी वित्तीय स्वतंत्रता का खाता होता है । जिसमें आपकी आय का 10/15/20 जो प्रतिशत संभव हो निरंतर प्रतिमाह जमा किया जाना चाहिये । इस खाते में जो राशि एक बार जाये वो कभी भी उपभोग की वस्तुओं पर व्यय न की जाये, इसके लिए सतर्क रहें । सदैव अपनी

बचत का उपयोग निवेश के लिए ही करें । यह निवेश किसी विशेषज्ञ की सलाह पर करें या स्वयं गहन अध्ययन या जानकारी के अनुसार करें ।

आम तौर पर निवेश के लिये निम्नानुसार विकल्पों पर विचार किया जा सकता है।

1. रियल स्टेट
2. शेयर बाजार (स्टॉक म्यूचुअल फंड/एस.आई.पी.)
3. सोना/गोल्ड
4. एफ.डी.
5. सरकारी वाण्ड इत्यादि।

अपनी आयु, आर्थिक जिम्मेदारियों और बाजार की परिस्थितियों को देखते हुये, जो बेहतर विकल्प हो उसमें निवेश किया जाना चाहिए।

निवेश करने का सर्वोत्तम साधन वो होगा जो आपके मूलधन को मुद्रास्फीति के साथ कुछ अतिरिक्त ब्याज के साथ लगातार बढ़ाता रहे। समय-समय पर अर्थव्यवस्था के चक्रो के क्रम में निवेश के विकल्प बदल सकते हैं। अत: आपको सदैव अपने निवेश पोर्टफोलियो को समय के साथ पुनर्समायोजन करते रहना चाहिये।

आपके व्यक्तिगत वित्तीय प्रबंधन के क्रम में कुछ बातें जो अत्यंत महत्पूर्ण हो सकती है :-

1. सर्वप्रथम आप परिवार के एकमात्र या महत्पूर्ण कमायी करने वाले व्यक्ति है तब आपका एक अधिकतम राशि का टर्म लाइफइंश्योरेंस जरूर होना चाहिए। ताकि आपकी अनुपस्थिति में आपके परिवार को आर्थिक विषमताओं का सामना नहीं करना पडे।

2. आपका आपके परिवार के सदस्यों के साथ एक स्वास्थ्य बीमा भी अवश्य होना चाहिये।

3. आपके बच्चों की पढ़ाई और विवाह इत्यादि के लिये बचत जितना जल्दी शुरू कर दें, उतना अच्छा होगा।

4. आपके पास विशेष परिस्थियों से निपटने के लिये एक आपातकालीन फण्ड भी अवश्य होना चाहिए। इंमरजेंसी फण्ड आपकी छः महीने की सेलरी या आय के बराबर होना चाहिए ताकि विषम परिस्थितियों में आपके परिवार की जरूरतें आसानी से पूरी की जा सके।

5. जितना जल्दी हो सके अपनी सेवानिवृत्ति के लिये भी हमें एक फण्ड बना लेना चाहिए।

इस प्रकार व्यक्तिगत वित्तीय प्रबंधन के लिये बचत करने की आदत आपको तुरंत ही अपना लेनी चाहिए। क्योंकि जीवन की गुणवत्ता आपके बेहतर वित्तीय प्रबंधन द्‌वारा निर्धारित होती है।

6

सचेतन रूप से अपने जीवन से टॉक्सिक लोगों को बाहर कर दें :-

ये बात कड़वी लग सकती है, चूंकि मनुष्य एक भावनात्मक प्राणी है। अत: अपनों के दोष देखकर भी मोहासक्त होकर कई बार अपना नुकसान करता रहता है। हम सभी के आसपास कुछ लोग होते हैं जो बहुत ही नकारात्मक होते हैं। उनकी नकारात्मकता हमें भी प्रभावित करती है।

जब नकारात्मक माइंडसेट के लोग आपके पास होते हैं तो आपके जीवन में उन्नति के अवसर सीमित होने लगते हैं । अब इस पर हमारा नियंत्रण नहीं होता कि हमने किस वातावरण में जन्म लिया है पर अपना जीवन उच्चतम स्तर पर गढ़ना संवारना हमारा परम दायित्व है। अत: सबसे पहले नकारात्मक प्रवृत्ति वाले, अवसरवादी, आपको हतोत्साहित करने वाले मित्र, रिश्तेदार, कलीग या अन्य लोंगो की पहचान करें जो आपको घनिष्ठ रूप से प्रभावित करने की स्थिति में हों।

सबसे पहले इस प्रकार के दोस्तों, रिश्तेदारों से सीमित होना शुरू कर दें। अपने उद्देश्य उन्हें न बतायें न ही ज्यादा समय उनके साथ बितायें। दोस्तों, रिश्तेदारों, पडोसियों से सीमित होना तो फिर भी आसान है। समस्या तब होती है जब हमारे परिवार में ही इस प्रकार की मानसिकता के सदस्य हों। तो हमारा नियंत्रण सिर्फ स्वयं पर होता है। सबसे पहले अपनी प्रतिक्रिया की जिम्मेदारी लें। अपना रिमोट कंट्रोल ऐसे लोगो के हाथ में न दें। उनकी नकारात्मकता आपको प्रभावित न करे इसके लिये जरूरी है आप उनसे प्रभावित न हों। अपने आसपास एक शील्ड विकसित कर लें जिसे वे भेद न पायें। कुछ समय एकांत मे बितायें। अच्छा साहित्य पढें, मेडिटेशन करें। नकारात्मक लोगों की उपेक्षा करें। उनके प्रति दया का भाव रखें उन्हें माफ कर दें। अपने काम में लगे रहें। जब आपको लगने लगे कि आपका जीवन बुरी तरह से प्रभावित हो रहा तो ऐसे लागों से पूर्णत: अलग हो जायें यदि आप ऐसा कर पाने की स्थिति में है तो । यदि नहीं हैं तो सतत् प्रयास करके ऐसी स्थिति में पहुंचने का प्रयास करें। अंतत: अपने जीवन की बेहतरी के लिये हमें ये त्याग कर देना ही उचित है।

परन्तु अपने निकटतम लोगो के लियें सद्भावना रखें। दूर रहकर यथासम्भव उनकी सहायता करें। पर अपना जीवन उनकी तरह बनने से बचायें। यानि की खुद को

कुर्बान न करें। क्योंकि जीवन अनमोल है और अपनी उच्चतम सम्भावनाओं को हासिल करते हुये इसे जीना हमारा परम कर्त्तव्य है।

अत: जो लोग आपके वास्तविक शुभचिंतक है, जो आपको प्रोत्साहित करते हैं, सकारात्मक योगदान देते है सदैव उनसे जुड़े रहें। ये अनमोल लोग है जिन्हें हमें किसी भी कीमत पर खोना नहीं है।

अपने परिवार जनों को अपने बच्चों को क्वालिटी टाईम दें उनके साथ प्रतिदिन एक घण्टा जरूर बितायें। उनके लिये इतने करीब रहें कि वो आपके लिये कितने महत्वपूर्ण हैं ये बात उन्हें सदैव स्मरण रहे कभी भी खालीपन में न रहें। अपने करीबी लोगों को साथ लेकर उन्हें मजबूती देते हुये जीवन में आगे बढ़ें। अपने साझे लक्ष्य तय करें, उन्हें प्राप्त करें। अपने करीबियों को समय दें, उन्हें सुने। उनकों खूब प्यार दें। आपके मन का खलीपन स्वत: ही भरने लगेगा।

➢ **रिश्तों के भावनात्मक बैंक एकाउन्ट**

हम सब जानते हैं कि बैंक एकाउन्ट क्या होता है ? हम इसमें धन जमा करते है और संचित कोष बनाते हैं। जिसमें से जरूरत पड़ने पर हम धन निकाल सकते हैं। भावनात्मक बैंक एकाउन्ट एक मेटाफर (रूपक) है। यह एकाउन्ट किसी संबंध में जमा विश्वास के संचित कोष को बताता है। जब

आप दूसरे व्यक्ति के साथ होते हैं, तो यह एकाउन्ट आपको सुरक्षा का एहसास देता है।

अगर मै आपके साथ अपने भावनात्मक बैंक एकाउन्ट में शिष्टाचार, दयालुता व ईमानदारी का व्यवहार करके और आपसे किये वायदे निभाकर राशियां जमा करता हूं तो मै विश्वास के कोष को बढ़ाता हूं। जब विश्वास का एकाउन्ट समृद्ध होता है तो सम्प्रेषण आसान, तुरंत और प्रभावकारी होता है।

परन्तु अगर मुझमे अशिष्टता दिखानें, अपमान करने, और नीचा दिखाने की आदत है, अगर मुझमे अतिप्रतिक्रिया करने, नजर अंदाज करने या स्वेच्छाचारी होने की आदत है, अगर मुझमे आपका विश्वास तोड़ने, आपको धमकाने या आपके जीवन में छोटे मोटे देवता की भूमिका निभाने की आदत है, तो अंततः मेरे भावनात्मक बैंक एकाउन्ट में जितनी रकम जमा है, मैं उससे अधिक निकाल लेता हूं। विश्वास का स्तर बहुत कम हो जाता है। इस स्थिति में मैं कितना लचीला रह सकता हूं?

अगर विश्वास की राशियां लगातार जमा करके उसका बड़ा कोष जमा न किया जाये तो वैवाहिक रिश्ता कमजोर होने लगेगा। समृद्ध व सहज समझ और सम्प्रेषण की स्थिति के बजाय एक-दूसरे के साथ निभाने की स्थिति बन जाती है।

विवाह जैसे हमारे सबसे निरंतर संबंधों में हमे निरंतर राशियां जमा करने की सबसे ज्यादा जरूरत होती है। लगातार होने वाली अपेक्षाओं के कारण पुराना कोष अपने आप कम होता रहता है। मान लीजिये आपको अचानक हाई स्कूल का कोई पुराना मित्र मिल जाये जिसे आपने कई सालों से नहीं देखा हो उसके साथ अपना संबंध आप वहीं से शुरू कर सकते है, जहां पर आपने उसे छोड़ा था, क्योंकि पहले की जमा राशि अब भी वहां मौजूद है। परन्तु जिन लोगो के साथ आप नियमित व्यवहार करते है, वहां अकाउन्ट्स में निरंतर निवेश करने की ज्यादा जरूरत होती है, कई बार आपकी रोजमर्रा की बातों के कारण या आपके प्रति उनकी अनुभूति बदलने के कारण अपने आप राशि कम हो जाती है, जिसका आपको पता भी नहीं चलता। यह खास तौर पर परिवार में किशोर पुत्र/पुत्रियों के साथ होता है।

याद रखें क्विक फिक्स तकनीक मरीचिका है। संबंधों को बचाने और सुधारने में समय लगता है। अगर आप अपने किशोर पुत्र की प्रतिक्रिया के अभाव या उसकी एहसानफरामोशी को देखकर धीरज खो देते हैं तो आप बहुत बडा विदड्रॉयल कर लेते हैं,जिससे आपके सारे काम पर पानी फिर सकता है।

धैर्य रखना मुश्किल है। प्रोएक्टिव बनने, अपने प्रभाव के वृत्त पर ध्यान केन्द्रित करने और विकसित हो संबंधों

को पोषण देने के लिये चरित्र की आवश्यकता होती है। चरित्र न होने पर ही आप फूलों को उखाड़कर यह देखते हैं कि जड़े कितनी अच्छी तरह बढ़ रहीं है।

वास्तविकता यह है कि यहां कोई क्विक फिक्स काम नहीं करता है संबंधों को बनाना और सुधारना दीर्घकालीन निवेश है।

छः प्रमुख डिपोजिट्स होते है जो भावनात्मक बैंक एकाउन्ट्स को समृद्ध करते हैं-

1. व्यक्ति को समझे - सामने वाले को समझने की सच्ची कोशिश करना शायद आपके द्वारा किये जाने वाले सबसे महत्वपूर्ण डिपोजिट्स मे से एक है। यह हर अन्य डिपोजिट्स की कुंजी है। "दूसरों के साथ वैसा ही व्यवहार करे जो आप दूसरों से अपने प्रति चाहते हैं।"

2. छोटी-छोटी बातों पर ध्यान दें - छोटी-छोटी उदारतायें और शिष्टाचार बहुत महत्पूर्ण है। छोटी-छोटी अशिष्टतायें, निर्ममतायें या अपमान की बातें बहुत बडे विदड्रॉयल का कारण बनती हैं। संबंधों में छोटी बाते ही बडी बाते बन जाती हैं। लोग अंदर से बहुत नाजुक और संवेदनशील होते हैं।

3. वायदे पूरे करें - आपके वायदे पूरे करना एक प्रमुख डिपोजिट है, उन्हे पूरा न करना एक प्रमुख

विदड्रॉयल है। दरअसल इससे बडा विदड्रॉयल कोई नहीं है कि आप किसी से कोई महत्वपूर्ण वायदा करें और फिर उसे पूरा न करें। अगली बार जब आप वायदा करेंगे, तो वह उस पर विश्वास नहीं करेंगा। अगर आप हमेशा अपने वायदे पूरे करने की आदत डाल लेते हैं तो आप विश्वास के सेतु बनाते हैं।

4. अपेक्षाओं को स्पष्ट करें - लक्ष्यों के क्षेत्र में अस्पष्ट अपेक्षायें संवाद और विश्वास को भी कमजोर बनाती हैं।

5. व्यक्तिगत अखंडता दर्शायें - व्यक्तिगत अखंडता से विश्वास उत्पन्न होता है और यह कई तरह के डिपोजिट की नीव है।

   i. अखंडता का अर्थ ऐसे हर संवाद से बचना भी है जिसमें छल कपट हो, विश्वासघात हो और जो मानवीय गरिमा के प्रतिकूल हो।

6. जब आप विदड्रॉयल करें तो सच्चे दिल से माफी मांगे - जब हम भावनात्मक बैंक एकाउंट से विदड्रॉयल करते हैं, तो हमे माफी मांगना चाहिये और सच्चे दिल से मांगना चाहिये सचमुच मांफी मांगने के लिये व्यक्ति का खुद पर स्वामित्व होना चाहिये और उसके अंदर मूलभूत सिद्धातों तथा

जीवन मूल्यों की सुरक्षा का गहरा बोध होना चाहिये।

कमजोर लोग ही क्रूर होते हैं। विनम्रता की सच्ची आशा सिर्फ शक्तिशाली लोगो से ही की जा सकती है।

कहते हैं रिश्तों मे संबंधों मे एक भावनात्मक खाता होता है। कभी-कभी हम अपने ही आत्मीयजनों के प्रति बहुत कठोरतापूर्वक या उदासीनतापूर्वक पेश आते है। हमारा प्रत्येक नकारात्मक रवैया हमारे भावनात्मक एकाउण्ट को रिक्त करता है उसमें से कुछ आहरण कर लेता है। उसी प्रकार सकारात्मकता, प्रेम, अपनापन, सहयोग,साथ में समय बिताना और तमाम सकारात्मकता व्यवहारों से ये खाता परस्पर बढ़ता रहता है जो रिश्तों में प्रगाढ़ता लाता है।

अत: अपना भावनात्मक खाता कभी रिक्त न होने दें उसे बढ़ाने के लिये सतत् प्रयत्नशील रहें। पूरी जागरूकता के साथ उसे प्रति सतर्क रहें।

7

खुद के लिये कोई सीमायें लागू न करें

जीवन में आप किसी भी आयु, लिंग, अवस्था, स्थान पर हों सबसे महत्वपूर्ण है आपका समय और आपका दिमाग। आप भरपूर जीवन जीने के मौके खो देते है। जब खुद पर सीमायें अधिरोपित कर लेते हैं। ये सीमायें आपको आपके सर्वश्रेष्ठ रूप में प्रकट होने से रोकते हैं।

वे गलत पूर्वानुमान, नकारात्मक अनुभव या खुद पर संदेह से उत्पन्न होते हैं। जैसे हमे लगता है कि मैं ज्यादा अच्छा नहीं हूं, ज्यादा प्रतिभावान या उपयोगी नहीं हूं। ये सीमित विचार आपकी उन्नति, खुशी और सफलता को सीमित कर सकते है।

खुद पर सीमायें जैसे -

मुझमें ये नहीं हो सकता,

मुझे किसी चीज का पता नहीं है।

मुझे कोई पसंद नहीं करता,

मुझे कुछ भी करने का हक नहीं है।

मै किस्मत वाला नहीं हूं । आदि।

ये धारणायें आपको पीछे खींचते हैं और नया कौशल सीखने, जोखिम लेने, नये साथी/दोस्त बनाने, अपने सपने पूरे करने से रोकते हैं जिससे आप भरपूर जीवन का मजा नहीं ले पाते हैं।

सबसे अच्छी बात यह है कि ये धारणाये बदली जा सकती हैं। इन धारणाओं को शक्तिशाली धारणाओं से रूपान्तरित, स्थानांतरित किया जा सकता है। सकारात्मक अभिकथन (अफरमेशन) बोलकर, खुद को प्रेरित करके, ये सोचकर कि आप पर्याप्त समझदार, प्रतिभावान, उपयोगी हैं। इस प्रकार के सकारात्मक विचार आपकी उन्नति, खुशी और सफलता को बढ़ाती है :-

मुझसे ये हो सकता है।

मुझे हर चीज सीखने का मौका है।

मुझे लोग प्यार करते हैं

मुझे किस्मत साथ देती है।

मुझे सब कुछ पाने का हक है।

अपनी स्वयं के बारे में सीमित करने वाली धारणाओं को बदलने के लिये सबसे पहले उन्हें पहचानना होगा। तटस्थ होकर उन्हें ढूढ़ना होगा। फिर उन्हें शक्तिशाली विचारों द्वारा परिवर्तित करना होगा। ऐसा

(विजुअलाइजेशन) कल्पनाशक्ति, ध्यान, सकारात्मक अभिकथनों का उपयोग करके किया जा सकता है।

आपकी उम्र चाहे जो भी हो। आप गांव से हो या शहर से, आप धनी हों या गरीब, आप पुरूष हो या महिला इनमे से कोई भी सीमा आपके सपनो के रास्ते में रूकावट नहीं डाल सकती। आप बस विश्वास करके पूरे मनोयोग से अपने लक्ष्य की ओर बढ़ें, आपको अपनी मंजिल अवश्य मिलेगी। कहते है "पुरूष ही पारस है" अर्थात आप जो भी काम अपने हाथ में लेंगे उसे सफलतापूर्वक पूरा करने का सामर्थ्य आपके अंदर ही है। आप किसी भी परिस्थिति में सफलता प्राप्त कर सकते हैं।

अत: स्वयं को रोकने वाले किसी भी विचार या धारणा से स्वतंत्र हों और अपनी क्षमताओं के सर्वश्रेष्ठ स्तर को प्राप्त करें।

➢ खुद से प्रेम करें

खुद से प्रेम करना चाहिये । जब तक हम खुद को स्वीकार नहीं करेंगे, खुद से प्रेम नहीं करेगे बेहतर जीवन नहीं जी पायेगे। खुद से प्रेम करने के क्रम मे स्वयं की किसी प्रकार की आलोचना न करें। हम अक्सर खुद के प्रति अनावश्यक रूप से अलोचनात्मक हो जाते है। आलोचना से कभी कुछ नहीं बदलता। स्वयं की आलोचना करना बंद कर दें, स्वयं को बिल्कुल उसी रूप में स्वीकार करें, जैसे आप हैं। हर

किसी में बदलाव आता है, जब आप स्वयं की आलोचना करते हैं, तो आपके बदलाव नकारात्मक होते हैं। जब आप स्वयं को पंसद करते हैं, तो आपके बदलाव सकारात्मक होते हैं।

स्वयं को माफ करें, अतीत को जाने दें, आप अपनी उस समय की समझ, जागरूकता और बुद्धि से जितना अच्छा कर सकते थे, वह आपने किया। स्वयं को डराये नहीं अपने विचारों से स्वयं को डराना बंद करें। यह जीने का एक भयात्मक तरीका है। एक मानसिक छवी की तलाश करें, जो आपको खुशी देती हो और जब भी कोई डरावना विचार आये, फौरन उसे एक सुखद विचार से बदल दें।

सौम्य, दयालु और धैर्यवान रहें, जब आप सोच के नये तरीके सीखें, तो स्वयं के प्रति सौम्य, दयालु और धैर्यवान रहें। स्वयं के साथ ऐसा बर्ताव करें, जैसे किसी ऐसे व्यक्ति के साथ करते जिसे आप सच मे प्रेम करते हैं।

अपने मन के प्रति दयावान रहें, आत्मघृणा का अर्थ है स्वयं के विचारों से घृणा करना, स्वयं से अपने विचारों की उपस्थिति के लिये घृणा न करें। धीरे-धीरे अपने विचारों को जीवन की पुष्टि करने वाले विचारों में बदलें।

स्वयं की प्रशंसा करें, आलोचना आपकी आंतरिक भावना को तोड़ देती है। प्रशंसा उसे ऊपर उठाती है, जितनी

हो सके अपनी प्रशंसा करें। अर्थात आप अपने छोटे से छोटे लक्ष्य की प्राप्ति पर खुद को पुरूस्कृत करें।

अपना समर्थन करें - स्वयं का समर्थन करने के तरीके खोजें, मित्रों के पास जायें और उन्हे आपकी मदद करने दें। आवश्यकता होने पर मदद मांगना मजबूती की निशानी है।

अपने शरीर पर ध्यान दें - पोषण के बारे में जानकरी लें। आपके शरीर को अनुकूलतम उर्जा और जीवनशक्ति प्राप्त करने के लिये किस प्रकार के ईधन की आवश्यकता है ? व्यायाम के बारे में जानें। आपको किस प्रकार का व्यायाम करना पसंद है ? जिस मंदिर में आप रहते है, उसे संजोकर रखे और उसका सम्मान करें।

मजे करें - उन चीजों को याद करें, जो बचपन में आपको खुशी देती थीं और उन्हे अपने वर्तमान जीवन में शामिल करें। आप जो भी करते हैं, उसका आनंद उठाने के तरीके तलाश करें। स्वयं को जीवन का आनंद अभिव्यक्त करने दें। मुस्कुरायें, खिलखिलायें, खुशियां मनायें और ब्रम्हांड भी आपके साथ खुशियां मनायेगा।

स्वयं को प्रेम करें, इसी समय करें, स्वस्थ्य हो जाने या वजन घटने या नयी नौकरी मिलने या नये रिश्ते बनने का इंतजार न करें। स्वयं को प्रेम करना शुरू कर दें और अपना सर्वश्रेष्ठ प्रयास करें।

अपनी आखों में अकसर देखें। अपने प्रति बढ़ती प्रेम की भावना को व्यक्त करें। दूसरों की उपलब्धियों, खुशियों से ईर्ष्या न करें। दूसरों की खुशी में खुश रहना सीखें, नही तो कम से कम दुखी न हों, आप अपने दुख से दुखी नहीं बल्कि दूसरे के सुख से दुखी वाली कतार के लोगो में नहीं रहने चाहिये।

यदि आप महिला हैं। पितृसत्ता की वाहक न बने । बेटे-बेटी की परवरिश में भेद भाव न करें। उन्हें समान अवसर दें, उनकी क्षमताओं को बराबरी से पनपने, विकसित होकर आकार लेने में सहयोगी बनें। अपनी बेटियों को विशेष प्यार व मनोबल दें, उनका आत्मविश्वास बढ़ायें। बेटों को महिलाओं का आदर करना सिखायें। घर के काम करना सिखायें। उनकी अंदर की कोमलता को रूढ़िवादी तौर तरीकों को थोपकर कठोर न होने दें अर्थात उन्हें संवेदनशील बनायें ।

यदि आप युवा हैं तो सबसे ज्यादा महत्वपूर्ण है अपने कैरियर पर ध्यान दें। पैसे कमाना सीखें। उद्यमी बनें, किसी निर्भरता के जीवन की कल्पना भी आपको नहीं करनी चाहिये। पूरे मनायोग व समर्पण से अपने मनचाहे क्षेत्र में अपना कैरियर बनाये। आत्मनिर्भर बने।

कहते है आप अपने जिंदगी की कहानी स्वयं लिखिये नहीं तो किसी और की कहानी के सहयोगी किरदार बन कर रह जाते हैं तो अपना स्वाभिमान, आत्मसम्मान

बचाकर रखें। क्या फर्क पडता है? अकेले के प्रयासों से तो, जान लीजिये, कि हम बदलेंगे, युग बदलेगा। एक-एक महिला जो बेड़ियों को तोड़कर आगे बढ़ी है अपने पीछे लाखों आखों को सपने देखने का साहस देकर जाती है।

अपना पैसा कमाये और यदि पहले से कमा रहे है तो अपने वित्त का प्रबंधन भी स्वयं करें। सही जगह निवेश करें। निवेश के विकल्पों पर पहले चर्चा हो चुकी है। स्वयं को वित्तीय प्रशिक्षण दें। आत्मनिर्भर होकर वित्तीय स्वतंत्रता को हासिल करने के सफर को जल्द से जल्द तय करें।

8

हमेशा सकारात्मक रहें, सकारात्मक रवैया रखें

सकारात्मकता जीवन के लिये, सबसे महत्वपूर्ण चीज है। हम जो सोचते हैं वो बनते हैं, इसलिए जरूरी है हम सकारात्मक रहें। सदैव सकारात्मक सोचें। नकारात्मक विचार अपने आप आते हैं हमारा काम उनसे पार पाना है। नकारात्मक विचारों को खत्म करके सकारात्मक विचारों को अपने दिमाग में स्थान देना है।

विचार शक्ति अस्तित्व के द्वारा दिया सबसे बड़ा उपहार है हमारे लिए। हम इसका प्रयोग करके जीवन में कुछ भी प्राप्त कर सकते है। ये बात सुनने में बड़ी साधारण और मजाकिया लग सकती है पर इसे दुवारा पढिए। "आप जो चाहे वो विचार शक्ति से प्राप्त कर सकते है"।

अपने लक्ष्य की दिशा में सदैव सकारात्मक सोचें, सकारात्मक परिकल्पना अपने मन में लायें। आप जो पाना

चाहते है वो पा चुके हैं ऐसी कल्पना करें और धन्यवाद दें परमात्मा को।

किसी भी व्यक्ति, वस्तु, परिस्थिति को आप पर हावी मत होने दो, खिन्नता को, नकारात्मकता को हावी मत होने दो। वरन् अपना रिमोट कंट्रोल अपने पास रखो। जब भी नकारात्मक विचार मन मे आयें इसे तुरंत प्रोएक्टिव होकर सकारात्मक विचार से बदल दें। हमेशा सकारात्मक रहें, खुश रहें।

चिंता, डर, तनाव, हार को खुद पर हावी मत होने दें। कुछ गलत घट भी रहा है तो स्वीकार करें फिर उसमें सुधार के लिये क्या किया जा सकता है, उस पर अपना ध्यान केन्द्रित करें। वर्तमान में जियें, न अतीत में, न भविष्य में किन्तु आज में जियें। प्रतिदिन अपना आज का दिन बेहतर बिताने पर, अपने आज के काम पूरे करने पर ध्यान दें। जिंदगी को भरपूर जियें।

तमाम विषमताओं, विपरीत परिस्थितियों, चुनौतियों में भी सकारात्मक बने रहें। ये बात कहना बहुत आसान है, हर चीज में कुछ न कुछ अच्छी बात, अच्छी सीख ढूंढ़ें। आपके पास जो कुछ भी बेहतर है उसके लिए परमात्मा को धन्यवाद देते रहे। सकारात्मकता पर अनेक साहित्य उपलब्ध है पर इसे मेन्टेन करने का तरीका है प्रतिदिन का अभ्यास, हम जैसा सोचते हैं वैसा बनते हैं। अत: वही सोचें जो आप बनना चाहते हैं,जैसा जीवन आप

पाना चाहते है, वो न सोचे जो आप नहीं चाहते। हम करते एकदम उल्टा है। इसे सचेतन अभ्यास से बदला जा सकता है। अतः सकारात्मक रहें, इसके लिए प्रेरणादायक किताबें पढ़ सकते हैं। कुछ ध्यान, योग या रूचिकर काम जो आपको खुशी दें वो कर सकते हैं।

जिंदगी में सकारात्मक रहो अपनी नियामतों के लिए प्रभु के प्रति आभारी रहो। सकारात्मक सोचो जीवन बेहतर बनाओ।

आपका अवचेतन मन अच्छे या बुरे विचारों में भेद नहीं कर पाता है। अतः जिस प्रकार आप जमीन में जो बोते है वो उगता है वैसे ही आप जैसे विचार अपने अवचेतन को देंगे वही आपके सामने हकीकत बनकर प्रकट होंगे। अतः ये बहुत महम्वपूर्ण है कि हम जो चाहते है उसके बारे में विचार करें। सकारात्मक रहें।

जब भी कोई आपसे पूछे कैसे हैं आप? पूरे उत्साह के साथ एक सकारात्मक 'ऊर्जावान लहजे के साथ प्रतिउत्तर दें, बहुत बढिया।' इतना करने मात्र से आपका स्वयं का मूड तो बेहतर होगा ही, आप अपने आस-पास भी सकारात्मक ऊर्जा का संचार करेंगे।

कहते है आपके जीवन का केवल दस प्रतिशत आपके साथ घटने वाली घटनाओं द्वारा निर्धारित होता है, शेष नब्बे प्रतिशत घटनाओं के प्रति अपनी प्रतिक्रिया द्वारा

निर्धारित होता है। अर्थात घटनाओं के प्रति आपका रवैया कैसा है, क्या आप अतिप्रतिक्रियाशील या नकारात्मक हैं जो नकारात्मक परिणाम को लेकर आयेगा। या आप आपदा में अवसर तलाश पाने में सक्षम हैं,

अर्थात सकारात्मक दृष्टिकोंण से समस्याओं के प्रति सधी हुई, संतुलित प्रतिक्रिया देते हैं एवं हर परेशानी से अपने लिये सीख या सकारात्मकता लेते हुये हमेशा आगे बढ़ते जाते हैं।

कभी भी अपने लक्ष्यों की प्राप्ति के प्रति कार्य करने में अगला कदम उठाने में टालमटोल या उदासीन रवैया न अपनायें। प्रोकेस्टिनेशन या टालमटोल से आप अपने सामने आये अवसरों का पूर्ण उपयोग नहीं कर सकते। पता चला अवसर आपके सामने था पर तैयारी के अभाव में आप उसे भुनाने से चूक गये। इसलिए अपने लक्ष्य को छोटे-छोटे हिस्सों में बांटे और सदैव उनकी प्राप्ति के लिये प्रयास करते रहें। बहुत बड़े न सही पर छोटे-छोटे ही सही सतत् प्रयास बहुत मायने रखते हैं। सतत् प्रयास से आप बड़े से बड़ा लक्ष्य भी अवश्य ही पूरा कर सकेंगे। इसलिए सदैव अपने लक्ष्य की प्राप्ति की दिशा में क्रियाशील रहें। अपना समय, साधन, ऊर्जा उसी दिशा में उसी कार्य में खर्च करें जो आपके वृहत्तर उद्देश्य को पूरा करने में सहयोगी हो। कभी-भी अपना समय या ऊर्जा गैरजरूरी चीजों पर, घटनाओं पर, व्यक्तिओं पर प्रतिक्रिया देने में

भी खर्च न करें। वरन् अनावश्यक चाजों को इग्नोर/नजरअंदाज करते हुये आगे बढ़ते चलें। परिस्थिति चाहे जो भी हो, कितनी भी नकारात्मक परिस्थिति ही क्यों न आपके सामने आ जाये, आप अपना काम सदैव पूरे मनोयोग से अपना शत-प्रतिशत देते हुये पूरा करें। चाहे मौत भी क्यों न आपके सामने हो चाहे मृत्यु के समान परिस्थितियां ही क्यों न हो आशा की, उम्मीद की किरण से अपने जीवन में प्रयासों की अलख जगाते रहें। सदैव कर्मशील बने रहें। अपना काम पूरे मनोयोग से करते चलें। पूरी ईमानदारी और मेहनत से अपने दायित्वों का निर्वहन करते रहें, ईश्वर स्वयं आपकी मदद के द्वार खोल देता है। अतः सदैव सकारात्मक रहते हुये क्रियाशील बने रहें।

9

हमेशा सीखते रहें :-

सीखना एक ऐसी प्रक्रिया है जो शिशु जन्म से लेकर बड़े होने तक लगातार करता रहता है। पर कई बार बड़े होकर हम खुद को बिल्कुल सीमित सांचे में ढाल लेते हैं और सीखना बंद कर देते हैं। ये स्थिति हमारे सर्वश्रेष्ठ जीवन में बाधक है। अत: जब तक जीवन है लगातर सीखते रहें।

सीखने की कोई सीमा नहीं है, संगीत, गायन, वादन, चित्रकारी, खाना बनाना, योग, नृत्य,भाषाज्ञान, खेल, ड्रायविंग के साथ ही दिन प्रतिदिन के जीवन से संबंधित कितने ही काम है जिन्हें हम और बेहतरीन सीख सकते है। तो समय निकालकर इन कौशल मे से कोई भी कौश्ल जो आपको अनुकूल लगे जरूर सीखें। साथ ही अपने कार्यक्षेत्र से संबंधित नये-नये कौशल, तकनीकी से संबंधित नये प्रयोग भी हमे आगे बढने में लाभदायक सिद्ध होंगे।

अत: सीखने के लिये अपने दिमाग को सदैव तैयार रखो, सीखने की मनोवृत्ति, सीखने का एटीट्यूड आपको आगे तरक्की के लिये एक अपरिहार्य गुण है।

आप प्रतिदिन अपने लिये दस विचार लिखें। ऐसे विचार जो आपकी समस्या हैं उसका समाधान हो। ऐसा 21 दिनों तक करें। खुद के लिये दस वाक्य लिखें जो आपकी वर्तमान समस्या का निराकरण करते हों। ये दस विचार आप 21 दिनों तक लगातर लिखें। आपको अपनी समस्यायों का समाधान ढूढनें बाहर नहीं जाना, आप स्वयं अपनी समस्यायों का समाधान इन विचारों के माध्यम से निकाल लेंगे। फिर उनमे से जो बेहतरीन व असरकारक विचार हो उस पर अमल करना शुरू करो। ये लगातार आत्मसुधार का एक तरीका को सकता है जो सीखने के लिये भी आपको तैयार करता है।

अत: नई-नई चीजें सीखें, अद्यतन रहें और सीखने के क्रम में निरंतरता बहुत महत्वपूर्ण है। आप जो कुछ भी शुरू करें उसे बीच में बंद न करें। उसे पूरा करके ही मानें। इसके लिये आदतों का एक नियम है। आप निरंतर रहने के लिये किसी दिन भी यदि वह काम पूरा नहीं कर पाते तो उसका जितना सूक्ष्मतम भाग आप कर सकते है वो करें। पर निरंतर रहें। आदतों की निरंतरता आपको चक्रवृद्धि ब्याज की तरह व्यापक परिणाम दे सकती है।

अत: नया सीखे, निरंतर रहें भरपूर जिंदगी जियें।

कहते है सबसे अच्छा निवेश वह होता है जो स्वयं पर किया जाये। सदैव खुदको निखारने में अपनी क्षमताओं को बेहतर करने, अपने कौशल को बढाने की दिशा में खुद पर

निवेश जरूर करें। कभी भी अपने जीवन की उन्नति का सबसे अच्छा मापक अपने स्वयं के कल और आज में आप कितने अद्यतन हुये, कितने आगे बढ़े, आपने स्वयं की क्षमताओं को कितना बढ़ाया, इसी से लगाया जाना चाहिए।

इसलिये सदैव खुद की क्षमताओं को बढ़ाते रहें, खुद पर निवेश करें, नये-नये हुनर सीखें। खुद को खुद से ही बेहतर बनाना है, बाकी हमारी प्रतिस्पर्धा किसी और से नहीं स्वयं से ही होनी चाहिए। खुद को चुनौती दें और अपने सर्वोत्तम स्वरूप को प्राप्त करने की दिशा में खुद को निखारते रहें। सदैव सीखने के लिये अपना दिल और दिमाग एकदम खुला रखें। कभी भी खुद को परिपूर्ण न मानें, दूसरों को छोटा न समझें। सीखते हुये आगे बढते रहें। सीखने की कोई उम्र नहीं होती। जो व्यक्ति खुद में सुधार करते हुये निरंतर आगे बढता है वही जीवन की सर्वोत्तम संभावनाओं को प्राप्त कर पाता है। इसके लिए महान लोगों की जीवनियों से भी शिक्षा प्राप्त की जा सकती है। जिंदा वही है जो निरंतर सीखते हुये आगे बढता जा रहा है। इसलिये अपनी गलतियों का मूल्यांकन करते हुये खुद को चुनौती दें निरंतर सीखते हुये, आगे बढते रहें। आपको कोई रोक नहीं सकता। कोई चुनौती आपको हरा नहीं सकती आप अजेय योद्धा हैं ! विजेता हैं ! जो जीवन में सतत् आगे की ओर ही अग्रसर रहेगा |

➢ अपने सच्चे दोस्तो के सदैव सम्पर्क में रहें

आपके जीवन में दो-चार ऐसे सच्चे दोस्त जरूर होते हैं जो आपको अच्छे से जानते है, समझते है, हमेशा उनके सम्पर्क मे रहें। उनके लिये समय निकालें। जीवन में सच्चे दोस्त एक वरदान की तरह होते है, हमारे जीवन को एक सार्थकता देने में हमारे दोस्तो का सहयोग अमूल्य होता है।

हफ्ते में, महीने में, तीन महीने मे, छः महीने में अपने दोस्तों से बात करें, मिले उनसे ढेर सारी गपशप करें। उनसे मिली सकारात्मकता, प्रोत्साहन आपके लिये अमूल्य होता है। बुरे वक्त में संबंल बंधाने के लिये, उससे बाहर निकलने में दोस्त हमारी मदद करते है।

न सिर्फ अपने दोस्तो से सहायता लें बल्कि उनकी सहायता भी करें। हमारे जीवन में दोस्त महत्वपूर्ण है क्योंकि हम पेंसिल होते है और दोस्त रबर की तरह होते है जों हमारे द्वारा की गई गलतियों को सुधरवा देता है। जब कभी जीवन में हम दोराहे पर खड़े होते हैं तो वो हमे एक राह बता देता है और हम दुविधा से बाहर आ जाते हैं। हम अपने मन की बात किसी से कह भी नहीं पाते, कुछ ऐसे राज होते है जो हम केवल दोस्तों से ही सांझा करके मन को हल्का कर सकते हैं। दोस्त हमे कई बार समस्या का समाधान भी बताता है जीवन मे आगे बढने का रास्ता भी दिखाता है किन्तु यह सब तभी होता है जब

हमारा दोस्त हमारा शुभचिन्तक हो यदि वो स्वार्थ से परिपूर्ण है तो

ऐसे लोग हमे नुकसान भी पहुंचा सकते है। इसलिये कहा भी गया है कि ''पानी पीजे छान के दोस्ती कीजे जान के''।

➢ **अपनी हर समस्या का समाधान खुद पायें**

आप जीवन मे चाहे जिस भी पडाव पर हों, चाहे परिस्थिति से जूझ रहें हो, चाहे स्वास्थ्य से संबंधित दिक्कतें हो, या रूपये पैसों से संबंधित आर्थिक तंगी हो, या रिश्तों को लेकर कोई उठा पटक चल रही हो, कैरियर में या आत्मिकशांति का अभाव हो आपको एक उपाय ऐसा बताती हूं कि आप खुद ही अपनी समस्याओं से पार पा सकते हैं।

यह कुछ बहुत अनोखा, या कठिन कार्य नहीं है। बल्कि आप यदि सिर्फ ये एक कार्य प्रतिदिन करते है तो आप तमाम समस्याओं से काफी हद तक खुद अपने स्तर पर निपट सकते हैं।

आपको बस एक काम करना है हर दिन जो भी आपके प्रोब्लम स्टेटमेन्ट हों उनसे संबंधित समाधान के केवल दस विचार या आईडिया या उपाय लिखने हैं।

जी हां आप दूसरों को समाधान या सलाह सुझाते हैं वैसे ही तटस्थ होकर खुद को सलाह दें, उपाय तलाशें। सोचिये

आपके जीवन मेें आपकी मनः स्थिति को आपसे बेहतर और कौन समझ पायेगा? अतः समाधान भी आपसे बेहतर कोई दे नहीं सकता।

इस तरह आप प्रतिदिन दस विचार लिखते जाइये और फिर पलटकर उसमें से जो भी उपाय कारगर और लागू करने योग्य हो उसको तत्काल लागू करें।

जैसे इसे उदाहरण से समझतें है, मुझे हर बार ये समस्या होती थी जब मैं बच्चों के साथ सफर पर जाती थी कुछ न कुछ तैयारी अधूरी रह जाती थी जिसके कारण मुझे सफर में असुविधा होती थी। मैने अपने प्रोब्लम स्टेटमेन्ट को लिखा और उसके लिये 10 IDEAS भी लिखें । अगली बार से जो-जो प्रोब्लम मुझे आती थी वो इन IDEAS को फॉलो करने में काफी हद तक मिनिमाईस हो गई। और मैं अपनी यात्रा का बच्चों के साथ खुशी-खुशी आनंद ले सकी। इसी प्रकार जैसे आप वर्तमान में जीने का अभ्यास हमारे बहुत मददगार हो सकता है। हमारे अधिकतर विचार जो भी पुनरावृत्त रूप से दिमाग में चलतें है या तो अतीत के बारे में होते हैं, या भविष्य के बारे में होते हैं। ये दोनो ही अतीत और भविष्य, हमे वर्तमान में अपने साथ रहने नहीं देते है। वर्तमान में रहने के फायदे और वर्तमान पल में जीने में बाधाओं पर चर्चा की जा सकती है। जैसे हमारा मन जो दिन भर कुछ न कुछ

सोचता रहता है हम या तो कुछ नकारात्मक घटना या व्यक्तियों जिन्होने हमें हर्ट किया के बारे में सोचते रहते हैं। लगातार ये नकारात्मकता दिमाग में चलती रहती है जो हमारी उर्जा को खत्म करती रहती है। अनकों बार हमारा मन हमारे सामने भविष्य की अनिश्चितताओं की तस्वीर खीचकर हमें डराता रहता है। तो अपने मन को तटस्थ रूप से अवलोकन करें। क्या विचार आ रहे हैं यदि बार-बार नकारात्मक विचार हावी होने लगते हैं तब अपने मन को बोले "STOP" Just "cancel" "cancel" "cancel" और इसके स्थान पर अपने जीवन के बड़े लक्ष्य को याद करें। अपनी किसी बड़ी उपलब्धि से अपने विचारों को ऊर्जावान करें। आपका सपना जो आपके सबसे निकट है उसकी कल्पना करें। रिलेक्स रहें। गहरी सांस लें। और वर्तमान क्षण को महसूस करें। Live in present Live in being.

वर्तमान मे जीने से हमारे मन के लगातार उधेड़बुन वाले विचार जो हमे रोकते हैं, हमारा अहं भी कई बार हमे वर्तमान में जीने नहीं देता है। हम अपने 'स्व' की कल्पना भविष्य के लिये करते है जो कई बार नकारात्मक होने पर भय उत्पन्न करने लगती है।

तो वर्तमान में जीने के फायदे पर विचार कर सकते है जैस हम वर्तमान पर केन्द्रित रहें तो अपने कार्य पूर्ण मनोयोग या

पूर्ण क्षमता से कर सकते है। व्यर्थ की चिंताओं से बच सकते हैं। अपने व्यापक लक्ष्य के छोटे-छोटे भागों में से वर्तमान भाग पर ध्यान लगाते हुये काम करने से हम निरंतर अपने लक्ष्य की तरफ बढ़ते रहते है। अवसर हमारे सामने आते हैं तो हम उनका भरपूर दोहन कर सकते हैं। छोटी-छोटी उपब्धियां पा सकते हैं अपने निर्धारित लक्ष्य अनुसार कार्य पूर्ण कर पाते हैं। एक प्रवाहमय जीवन का आनंद और संतुष्टि पा सकते हैं। धीरे-धीरे जीवन की पूर्णतः की ओर बढ़ सकते हैं। गैर जरूरी तनाव से बचे रह सकते हैं। खुश रह पाते हैं। वर्तमान मे जीने से आप शांतता की स्थिति में रहते हैं। साथ ही आप रचनात्मक हो सकते हैं। अपनी क्षमताओं को निखारने में आपको ऊर्जावान बनाने में, वर्तमान में जीने का गुण आपका सहयोगी हो सकता है।

10

अपनें समय को लेकर स्वार्थी बने

समय ही जीवन है, आपको परमात्मा द्‌वारा दिया गया सबसे बड़ा संसाधन समय है, अतः अपने समय का उत्पादक उपयोग करना हमारी जिम्मेदारी है। आजकल समय को व्यर्थ बरवाद करने के अनेकों उपक्रम हमारे पास उपलब्ध हैं पर जिंदगी में सफल व्यक्ति अपने समय को लेकर स्वार्थी होता है।

अपने लक्ष्य निर्धारित करें, उनकी समयसीमा नियत करें उस समयसीमा में उन्हें पाने के लिए योजना बनायें। ये योजना वार्षिक, अर्द्‌धवार्षिक, मासिक, साप्ताहिक और प्रतिदिन की होनी चाहिए।

हमे अपने प्रत्येक दिन को प्लान करना चाहिए! भरपूर जीना चाहिए! प्रतिदिन के समय का हम कैसे उपयोग कर रहे है उसी से हमारी नियति बनती है। यदि हम अपने प्रतिदिन के समय के प्रति जागरूक रहें। जरूरी काम सबसे पहले करें। कामों को कल पर मत टालें। आज का काम आज करें। प्रतिदिन आपके द्‌वारा जो समय बिताया जा रहा है उसकी समीक्षा करें। देखें क्या लक्ष्य की दिशा में

सकारात्मक प्रयासों में समय बीत रहा है या हम अपने समय पर नियंत्रण न रखकर उसे यूं ही बरवाद कर रहे हैं।

अपने समय को लेकर बेहद स्वार्थी रहें, अपने प्राथमिकता के काम पहले करें। न कहना सीखें। अनिवार्य महत्वपूर्ण कामों में अपना समय व्यतीत करें। मेरा आशय मशीनीकृत जीवन जीने का नहीं हैं। मेरा आशय अपने समय का अधिकतम उत्पादक व सकारात्मक उपयोग करने से है। प्रतिदिन सुबह जल्दी उठें, व्यायाम करें, पढ़ें, ध्यान करें, स्वास्थ्यप्रद भोजन करें, अपने परिवार के साथ गुणवत्तापूर्ण समय व्यतीत करें। फिर आपके लिये जो भी महत्वपूर्ण काम है आपके कार्यक्षेत्र का रोजगार का, उसमें अपना समय दें। अपना सर्वश्रेष्ठ प्रदर्शन करें। अपने समय को बिना उद्‌देश्य के, निरर्थक बरवाद न करें ये जीवन को बरवाद करने के समान है। Time pass, Timekilling बंद करें। आवश्यक कार्यो में समय का उपयोग करें। क्योकि छोटी-छोटी रोज की कोशिश ही आपको भविष्य में एक वृहद परिणाम देगी।

आप साधन बांट सकते हैं, काम बांट सकते है, पैसा बांट सकते है, पर अपने समय पर अपना पूर्ण नियंत्रण अधिकार रखें। अपने जीवन का एक दिन भी व्यर्थ नहीं गवायें। एक-एक दिन को बेहतरीन तरीके से भरपूर जियें । हर गुजरता दिन हमारा जीवन है, इसके प्रति गंभीर रहें।

इसे संभाले। आपको आगे बढ़ने, अपने जीवन में बड़ा करने से कोई नहीं रोक सकता।

टाईम मैनेजमेंट

हम दिन भर में जो भी काम करते हैं उन्हें मोटे तौर पर "4" श्रेणियों में विभाजित किया जा सकता है।

	Urgent	**Nonurgent**
Important	क्वाड्रेन्ट - I	क्वाड्रेन्ट - II
	गतिविधियां	गतिविधियां
	संकट	रोकथाम
	आवश्यक समस्यायें	योजना बनाना, मनोरंजन
	समय सीमा वाले प्रोजेक्ट	नये अवसर पहचानना
Nonimportant	क्वाड्रेन्ट - III	क्वाड्रेन्ट - IV
	गतिविधियां	गतिविधियां
	रूकावटें, कुछ काम	बेकार के काम
	कुछ पत्र या मेल, मीटिंग	व्यस्त काम
	लोकप्रिय गतिविधियां	समय बरबाद करने वाले लोग

	Urgent	Nonurgent
Important	क्वाड्रेन्ट - I	क्वाड्रेन्ट - II
	अभी तुरंत करना है	जो पहले से प्लान्ड या सूचीबद्ध है
Nonimportant	क्वाड्रेन्ट - III	क्वाड्रेन्ट - IV
	जो डेलीगेट किये जा सकते है	जिन्हे छोडा जा सकता है

जैसे क्वाड्रेन्ट - I में अर्जेन्ट इंपॉरटेन्ट काम आते है जैसे कुछ फोन कॉल्स या खराब मशीन, अंतिम तिथि पर बिल का भुगतान, वह काम जिनकी डेडलाईन खत्म हो रही है। कार्य या परिवार संबंधी कुछ इमरजेंसी या आपात परिस्थितियां।

अर्थात ऐसे काम जो अर्जेन्ट व महत्वपूर्ण हैं वो आपके दिन का कितना समय ले रहे हैं।

➢ **क्वाड्रेन्ट - II जो अर्जेन्ट नहीं है पर इम्पोरटेन्ट हैं।**

जैसे परिवार के साथ समय बिताना, पुस्तकें पढना, अपने शौंक को पूरा करना, अच्छे स्वास्थ्य के लिये व्यायाम, ध्यान आदि । जो पहले से योजनाबद्ध किये गये है वो काम, लक्ष्य निर्धारण, जो किसी समस्या के दूरगामी निदान पर आधारित काम हों। जैसे ' पहले से ही कार का या घर का मैन्टनेन्स जो एकदम अर्जेन्ट स्थिति में न हो

अर्थात प्रीवेंटिव हो। पढना, कुछ नये कौशल अर्जित करना, अच्छा खाना बनाना, खुद को जो उत्साहित करे, प्रेरणा दे, उपर उठाने में, आगे बढने में सहायक कार्य।

देखें इन कामों में दिन का कितना समय बीत रहा है।

- **क्वाड्रेन्ट - III अर्जेन्ट नॉटइम्पोरटेन्ट**

जैसे गैर जरूरी बैठकें, परिवार दोस्तों या आफिस के कलीग्स द्वारा बार-बार व्यवधान। ऐसे काम लम्बे समय तक करना जिनकों करने से आप अपने लक्ष्य की दिशा में आगे नहीं बढ रहे है। दूसरों के लिये कार्य करना जो मना किये जा सकते हों।

इस श्रेणी में कितना समय आप व्यतीत करते हैं।

- **क्वाड्रेन्ट - IV नॉट अर्जेन्ट, नॉट इम्पोरटेन्ट**

जैसे लगातार टी.वी. देखना, सोशल मीडिया स्क्रॉलिंग, बिना भूख के खाना, बार बार सोशल मीडिया चेक करना, चेटिंग, गेमिंग, समय बर्वाद करने वाले काम।

इस श्रेणी में कितना समय व्यतीत हो रहा है ?

आप देखें कि आपके चारों श्रेणियों में खर्च होने वाले समय का अनुपात क्या है ? महान लोगो का यह अनुपात 20:65:10:5 होता है । अर्थात 20% समय अर्जेन्ट इंपॉरटेन्ट कामों पर 65% समय अर्जेन्ट नहीं है पर इम्पोरटेन्ट हैं कामों पर जो प्लानिंग का पार्ट हों प्रीवेंटिव

हों। 10% समय अर्जेन्ट नॉटइम्पोरटेन्ट और 5% समय नॉट अर्जेन्ट, नॉट इम्पोरटेन्ट पर बीतता है।

अपने समय को लेकर जागरूक रहें। पहले का काम पहले कर लें । अपनी जिंदगी को भरपूर जी रहे होगें । सभी चीजें समय पर आपके पास होंगी ।

चलते-चलते
अपने जीवन में कृतज्ञता का अभ्यास करें

एक बार एक शिक्षक छात्रों को पढा रहे थे, उन्होंने सफेद बोर्ड पर एक ब्लैक डॉट अंकित कर दिया । फिर सभी छात्रों से पूछा कि आपको क्या दिख रहा है तो सभी का उत्तर एक जैसा था । सबको काला डॉट ही दिख रहा था । आप देखिये पूरा बोर्ड सफेद है उसकी ओर किसी का ध्यान नहीं है। इसी प्रकार हम अपने जीवन में भी केवल नकारात्मकता को, कमियों को, अभाव को देखतें है । जबकि हमारे पास ईश्वर की दी हुई कितनी नियामतें हैं जिनके लिये हमें उसका आभारी होना चाहिये । हमारा शरीर, हमारा मस्तिष्क, प्रकृति की सभी वस्तुयें हवा, पानी, आकाश सभी तो हमें मुफ्त उपहार के रूप में मिला हुआ है । इसके लिये हमें आभारी होना चाहिये ।

तो हम यदि जो हमारे पास अच्छी चीजें हैं, जो हमारे जीवन का सकारात्मक पहलू है केवल उसी पर ध्यान केन्द्रित करते हुये कोई भी 10 सकारात्मक चीजें रोज लिखें तो ये चमत्कारी परिणाम दे सकता है। हमें छोटी-

छोटी चीजों के लिये कृतज्ञता व्यक्त करनी चाहियें । हमें दिल खोलकर धन्यवाद देना चाहिये। कहते हैं जो हम देते हैं जो विचार, भाव हम उत्पन्न करते हैं वही हमारे पास कुदरत वापस भेजती है तो फिर हमें सदैव क्या है ? के लिये कृतज्ञ रहते हुये आभारीपने को व्यक्त करना चाहिये। प्रचुरता हमारी तरफ स्वत: ही खिची चली आयेगी ।

हमें भोजन करते समय, पानी पीते समय, सुबह जागते ही पृथ्वी पर पहला कदम रखते समय हर समय आभार प्रकट करना चाहिए । जब रात में हम सोयें तो पूरे दिन में जो एक काम सबसे अच्छा हुआ है उसे याद करते हुये धन्यवाद, धन्यवाद, धन्यवाद कहना चाहिये । इससे हमारे जीवन में रोज ऐसे मौके बढ़ने लगेंगे, जिनके लिए हमें धन्यवाद कहने का अवसर मिलेगा ।

हमे अपने स्वास्थ्य के लिये अपने शरीर के लिये आभारी होना चाहिये। हम अपने पैरों से चल फिर सकते है, अपने हाथों से विभिन्न काम कर सकते हैं, अपनी आखों से सुन्दरता को देख सकते हैं, हमारा हृदय आजीवन हमे धड़कने देता है, हमे जीवित रखता है। हमारे शरीर का प्रत्येक अंग हमारे लिये कितनी मेहनत करता है हमे उसके प्रति कृतज्ञता ज्ञापित करनी चाहिये।

हमारा परिवार, हमारे दोस्त, पडोसी, सगे संबंधी, रिश्तेदार, हमारे माता-पिता, पति-पत्नि, बच्चे, भाई-बहन सभी जो हमारे लिये बिना किसी अपेक्षा के दुआयें करते

हैं हमे प्यार करते हैं अपना समय देते हैं उस सबके लिये हमे परमात्मा का अभारी होना चाहिये। अपने माता-पिता को धन्यवाद दें। अपने साथ काम करने वालों को उनके सहयोग के लिये धन्यवाद दें।

आपके घर में आपकी रोजमर्रा की जरूरतों के लिये काम करने वाले आपके सहयोगी कर्मचारियों के प्रति आपको आभार व्यक्त करना चाहिये।

जितना आप कृतज्ञता से भरे रहोगे उतना प्रकृति आपको और ज्यादा देगी, ताकि आप इस भाव से सदैव भरे रहें, सकारात्मक रह सकें।

इस प्रकार आभार व्यक्त करना, कृतज्ञता के भाव से भरे रहना हमारे जीवन को ज्यादा मजेदार बना देता है।

कृतज्ञता -

एक कृतज्ञ मन महान मन है, जो महान चीजों को आकर्षित करता है। (प्लेटो)

हम जितनी कृतज्ञता से अपना मन परम शक्ति पर टिकाते हैं जब अच्छी चीजें आती हैं, तब हमारे पास और भी अच्छी चीजें आती हैं, और ज्यादा तेजी से आती हैं। इसका कारण है कि कृतज्ञता का मानसिक नजरिया मन को उस स्त्रोत के करीब ले आता है जिससे आर्शीवाद प्राप्त होते हैं।

अगर यह आपके लिये नया विचार है कि कृतज्ञता आपके पूरे मन को ब्रम्हाण्ड की रचनात्मक शक्तियों से समता में लाती है तो इस पर अच्छी तरह से सोचिये और आप देखेंगे कि यह बात सही है। जो अच्छी चीजें आपके पास आई हैं, वे कुछ नियमों के सही पालन करने से आई हैं। कृतज्ञता आपके मन को उन रास्तों से ले जायेगी जिनमें चीजें आती हैं, और आपको रचनात्मक विचार के करीब रखेंगी और आपको प्रतियोगितात्मक विचार से दूर रखेंगी।

कृतज्ञता ही आपको सम्पूर्ण से परिचित करा सकती है और इस गलत सोच से बचा सकती है कि सप्लाई सीमित है ऐसा करने से आपकी भावनायें टूट जायेंगी।

कृतज्ञता का एक नियम है और यह बहुत जरूरी है कि आप इस नियम का पालन करें, अगर आप मनचाहा परिणाम चाहते हैं। कृतज्ञता का नियम वह प्राकृतिक सिद्धांत है, जो कहता है कि क्रिया और प्रतिक्रिया बराबर होते हैं और विपरीत दिशा में होते हैं।

परमशक्ति तक अपने मन की धन्यवाद से भरी कृतज्ञ पहुंच उस शक्ति की युक्ति या खर्च है । यह वहां तक पहुंचेगी ही जहां इसे पहुंचना है। और प्रतिक्रिया के रूप में यह आप तक चलेगी। और अगर आपकी कृतज्ञता मजबूत और नियमित है, दैवीय पदार्थ की प्रतिक्रिया भी मजबूत और नियमित होगी, आपकी मनचाही चीजें आपकी ओर चलेंगी। आप कृतज्ञता के बिना ज्यादा शक्ति का इस्तेमाल नहीं कर सकते क्योकि कृतज्ञता आपको उस शक्ति से जोड़े रहती है।

लेकिन कृतज्ञता का महत्व सिर्फ भविष्य में अधिक आर्शीवाद पाना नहीं है कृतज्ञता के बिना आप चीजों के बारे में असंतुष्ट विचार से लम्बे समय तक दूर नहीं रह सकते।

जिस समय आप अपने मस्तिष्क को चीजों की स्थिति पर असंतुष्ट होने देते हैं, आप शक्ति खोने लगते हैं। अपने मस्तिष्क को तुच्छ चीजों पर टिकने की अनुमति देकर आप तुच्छ हो जाते है और आपने आप को तुच्छ चीजों से घेर लेते हैं। दूसरी तरफ अपने मस्तिष्क को श्रेष्ठ चीजों पर टिकाने से आप खुद को श्रेष्ठ चीजों से घेर लेतें है और श्रेष्ठ हो जाते हैं।

साथ ही आस्था कृतज्ञता से जन्म लेती है। कृतज्ञ मन हमेशा अच्छी चीजों की आशा करता है और यह आशा आस्था बन जाती है। कृतज्ञता का मस्तिष्क पर प्रभाव आस्था पैदा करता है और कृतज्ञ धन्वाद की तरंग उस आस्था को बढ़ाती है अगर आपमें कृतज्ञता की भावना नहीं है तो आपकी आत्मा ज्यादा समय जिंदा नहीं रह सकती। तब यह जरूरी है कि हर अच्छी चीज के लिये कृतज्ञ होने की आदत डाल लें, जो आप तक आती है और लगातार धन्यवाद देते रहें। और चूंकि चीजों ने आपकी प्रगति में योगदान दिया है, आपको उन चीजों को कृतज्ञता में समाहित कर लेना चाहिये।

आभार

परमपिता परमेश्वर का धन्यवाद । सर्वप्रथम मेरे पिताजी स्व. श्री राजकुमार पाण्डे जिन्होनें मुझे पढ़ने लिखने और बड़े सपने देखने के लिये हमेशा प्रोत्साहित किया। मेरी माताजी जिन्होनें मुझे आत्मविश्वास दिया और हर परिस्थिति में सहयोग किया। मेरे भाई जिन्होने मुझे निडरता दी । मेरे समस्त गुरूजन। मेरे पति और मेरी दोनो बेटियां जो हर रोज मुझे भरपूर जीवन जीने की प्रेरणा देतें हैं। सभी का बहुत बहुत धन्यवाद और हृदय से आभार। सभी के प्रत्यक्ष - परोक्ष योगदान से ये विचार श्रृंखला पुस्तक के रूप मे साकार हो सकी है। इस पुस्तक में वर्णित बिन्दु आजमाये हुये एवं अनुभवजन्य हैं आशा है इससे पाठकजन लाभान्वित होंगे।

गलतियों के लिये हृदय से क्षमायाचना और सुधार की गुंजाइश रहती ही है।

www.ingramcontent.com/pod-product-compliance
Lightning Source LLC
LaVergne TN
LVHW090125160826
845673LV00015B/1021
* 9 7 9 8 8 9 6 3 2 7 9 0 5 *